अहसास

दिल की भावनाएँ

AF759360

अंजनीत निज्जर

अहसास : दिल की भावनाएँ
by **अंजनीत निज्जर**

Published with **BookFylo**
Noida, Delhi NCR, India
www.bookfylo.com
support@bookfylo.com

ISBN and barcode are on the back cover.
Printed & distributed using print-on-demand technology.

अनुक्रमणिका

भावनाएँ

घर को भी जरूरत होती है घर की,

घर बन जाए महज,

सीमेंट पत्थर रेत से तो

रिश्ते बेज़ार हो जाए

घर-घर ना रहे बेकार हो जाए
पूजे जो पत्थर कोई अगर
तो वह भी भगवान हो जाए
बिना श्रद्धा के मंदिर
मंदिर ना रहे शमशान हो जाए
तो महत्वपूर्ण रहेगा सदैव ही
भावनाओं का होना
रिश्ते और भक्ति का प्रज्वलित कोना
जो घर को घर
और मंदिर को मंदिर बनाएगा
भावनाएँ रहेंगी तो
ईंट पत्थर भी अस्तित्व पाएगा

तालमेल

सड़क, पानी, हवा और किनारा
सड़क गीली है पानी से
तो किनारा जीवंत है
हवा के होने से
पानी के लिए सड़क
प्रभुत्व दिखाने का है अहसास
तो हवा के लिए किनारा ही है खास.........

दिल मेरा

दिल मेरा पेड़ है शायद
खिलते ख़ुशियों के हरे पत्ते
तो लहलहता मुस्काता
आती उम्मीदों की नई कोपलें
तो उमंगों से भर जाता
निराशाओं से होते पीले पत्ते
तो सर्द सा पड़ जाता
पतझड़ छोड़ कर जाना किसी का
तो अंदर तक कुछ टूट जाता
दिल मेरा पेड़ है शायद
या पेड़ सा ही बन जाता

नकाब

चेहरों का बेनक़ाब होना
मुश्किल है इस अतरंगी दुनिया में
हऱ कोई लगाए बैठा है
यहाँ चेहरे पर चेहरा
छुपाए बैठा है
दिल में कोई राज गहरा
कहाँ कोई कुछ किसी को बता
या समझा पाता है
हऱ किसी की हसरतों का
अलग ही बही खाता है
हऱ चेहरे का अलग ही अंदाज़
अलग ही मिज़ाज़ है
हरे दिखते जो पेड़ अभी
वे जड़ों से खाली जनाब हैं
नकाब के पीछे छुपे हज़ारों नकाब हैं

नई शिक्षा

आओ मिलकर साथ चलें हम
हाथ से हाथ मिलाकर बढ़े हम
नई शिक्षा का आगाज़ करें हम
हर बच्चे का सर्वांगीण विकास करें हम, अर्थ नहीं शिक्षा का केवल
अक्षर ज्ञान करवाना
यह तो है व्यक्तित्व के हर पहलू
को सशक्त बनाना
आओ विकास के विचारों
को एकसाथ करें हम
शिक्षा के आसमान को नये
रंगों से भरें हम
एक मंच दें सबको, दें सबको समान अवसर
अपने अपने अनुभवों से लाएँ
क्रांति हर दिन हर पल
नई तकनीक नए पहलुओं से
सबको रूबरू करवाएँ हम
सबके विकास की राह बनाएँ हम
शिक्षा में क्रांति लाएँ हम
सब में नई चेतना
नई जागृति जगाएँ हम

उत्कर्षता

ऊंची नीची पगडंडी के किनारे
उगे सफेद छोटे फूल
अस्तित्वहीन होते हुए भी यथार्थवादी
देते हैं मुस्कुराते हुए अपने होने का परिचय
खुद ही सींचते
धूप, पानी, हवा और प्राण
सीमित समय अवधि
फिर भी आशावान
जीवन मूल्य का सटीक प्रमाण
छोटे से फूल, खुशी से सरोबर
देते हर परिस्थिति में
उत्कर्षता का ज्ञान
उत्कर्षता का ज्ञान
कौन न होगा इस कंथा
को अपनाने का चाहवान?

हमारा प्रेम

दुनिया की सारी खेलें
बंद हो जाए अगर
क्या तुम फिर भी याद रख पाओगे?
आंख मिचौली और बर्फ पानी
जो खेलते थे हम साथ
दुनिया की सारी किताबें
हो जाए अगर गायब
तो क्या तब भी तुम याद रख पाओगे?
पाब्लो और अमृता
जो पढ़ते थे हम साथ साथ
दुनिया में हर रिश्ता
हो जाए अगर खत्म
तो क्या याद रहेगा?
तुम्हें हमारा प्रेम और एहसास
क्या याद रख पाओगे
मुझे केवल मुझे......

सालगिरह

इतने वर्ष प्रिय!!!!!
आहा इतने वर्ष प्रिय
साथ चलते, गिरते पड़ते, डगमगाते
मान मनुहार कुछ रूठते मनाते
लड़ते झगड़ते तो कभी प्यार दिखाते
आहा इतने वर्ष प्रिय!!!
सोचा न था, इतने पल
यूँ ही बीत जाएँगे
असहमति के गोले में घूमते घूमते
एक बिंदु पर सहमत हो जाएँगे
आहा इतने वर्ष प्रिय!!!
धन्यवाद!!!
इस जीवन संघर्ष को जीतने के लिए
हर निंदा को स्तुति गान बनाने के लिए
इतना विश्वास रखने और निभाने के लिए
इस पथ को सरल बनाने के लिए
धन्यवाद!!!
इतने भावपूर्ण वर्ष प्रिय
आहा!!! इतने वर्ष प्रिय.......

आतुरता

खिड़कियों की टूटी काँच से
अंदर आने को आतुर
रोशनी की किरणे
बस ठीक उसी तरह
मेरी आतुरता
तुम्हें छू भर जाने की
रोशनी से मिल
रोशनी हो जाने की
अनंत के अंतिम बिंदु से भी परे
कहीं खो जाने की
शून्यता और पूर्णता के
एक हो पाने की.........

तुम्हारे जन्मदिन पर

तुम्हारे जन्मदिन पर
तोहफे नहीं लाई हूँ
मैं बस दुआ लाई हूँ
कड़कती धूप में बचा सके
ऐसी बदलियां लाई हूँ
अगर राह के कंकड न हटा सकूँ
चलेंगे नंगे पैर हम दोनों
कि मैं अपनी चप्पल छुपा आई हूँ
जाम कोई भी मेरे लबो पे आता नहीं कभी
पर मैं तेरे लिए जिंदगी का नशा लाई हूँ
मैं तो महज़ कवयित्री हूँ
कोई महल नहीं ला सकती हूँ
पर हर ग़म तुम्हारा हर लूँगी
यह वादा देने आई हूँ
खुशी मैं सिर्फ शब्दों में जता सकती हूँ
जन्मदिन पर मैं सिर्फ दुआ लाई हूँ
मेरी हर ख़ुशी के आधे हक़दार
तुम्हें बनाने आई हूँ
जन्मदिन पर तुम्हारे
मैं सिर्फ़ दुआ लाई हूँ

सच

एक सच है
यक़ीं मानों
लिख कर भी छू
सकते हो मुझे...

हक़ीक़त

तुम से बात नही करनी
कैसे कह दूँ, जबकि हक़ीक़त
है कुछ और
हज़ार बनाऊँ बहाने
तुझ से दूर जाने के
पर दिल खिंचता है
तेरी ओर
सिर्फ़ तेरी ओर...

खामोशियाँ

कुछ भी तो नही बदला
दोनो के दरमियां
वही तुम वही मैं
और वही खामोशियाँ
खामोशियाँ कहाँ,

जो चुप रह कर भी,

ढेरों बातें करती है
चुप्पी हमारी और
आँखें तुम्हारी

युद्ध

युद्ध देता है चुनौती मानवता को
विध्वंस और लील लेता है कई जानें
पर कहीं, किसी शहर में
कोई तो चाहता होगा इसे
नहीं तो क्यों?
कंकरीट को पसंद करें
हरे भरे पेड़ों के शहरों वाले
नहीं पसंद उन्हें लाल रंग लहू का
वे रंग बिरंगे फूलों वाले
मधुर धुनों और स्वर लहरियों वाले
कहाँ पसंद है उन्हें बम गोले
विस्फोटक धमालें
दिल में प्यार और सम्मान रखने वाले
कहाँ चल सकते हैं
यह क्रूरता की चालें
पर कहीं, कोई ना कोई तो चाहता होगा इसे
जिसे प्यार है अंधेरों से
पसंद नहीं उजाले
मुंह चढ़ाता मानवता को
देता चुनौती कदम कदम
बलशाली होने का दंभ पाले
पर उठेंगे एक दिन
चैन से सोने वाले
तब होगा बंदूक की नली में गुलाब
और आसमान में सफेद पंछी मतवाले
फिर से मुस्कुराएगी मानवता
और मुस्कुराएंगे शांति वाले

जीवन

गमले में खिले फूल
ज़िंदगी के रंग से मेल खाते
छोटी सी अपनी परिधि में
खिलते – मुस्कुराते
और मिट जाते
आँगन महकाते
बिना शिकायत के जिएँ जाते
एक न्यून काल के लिए
फिर मनुष्य को इतनी
शिकायतें क्यूँ?
जबकि जीवन है
अप्रत्याशित, अनगढ़, अपरिचित

तुम आते

फूल पत्ते पेड़ पहाड़
सभी झूम जाते
खिल जाते हिल जाते
जब कभी तुम आते
सदियों तक तुम्हारे आने
की यही निशानियाँ रहेंगी शायद
तुम्हारे जाने का भी
अवसाद यूँ ही रहेगा
झड़ जाएँगी पत्तियाँ
मुरझाएँगे फूल
और स्तब्ध रहेंगे पेड़ और पहाड़

हर बच्चे में है कुछ तो खास

हर बच्चे में है कुछ तो खास
बोलो क्या है तुम्हें एहसास
धरती में सिमटे सभी बीज
वक्त आने पर अलग-अलग पौधे बन जाते हैं
उसी तरह हर बच्चे में अलग अलग अंदाज नजर आते हैं
कैसे रखी तुमने सबसे एक ही आस
हर बच्चे में है कुछ तो खास
बोलो क्या है तुम्हें एहसास
कोई अच्छा पढ़ाई में
तो कोई खेल में हुनर दिखाता है
कोई गाता सुर मल्हारी
तो कोई आसमान में चित्र बनाता है
सब का है अलग अपना अंदाज
हर बच्चे में है कुछ तो खास
बोलो क्या है तुम्हें एहसास
खोटा खरा न कोई इस दुनिया में
नजर का फेर सब बतलाता है
मानो तो है कीचड़ में कमल
नहीं तो चांद भी दागी नजर आता है
चाहिए हमें दृष्टि खास
जो देखे क्या है इनके पास
हर बच्चे में है कुछ तो खास
बोलो क्या है तुम्हें एहसास
कोई भी रचना उस रब की
नहीं हो सकती खराब
बस उभारना है हम सबको मिलकर
जो कुदरत ने दिया है उसे खास

बोलो क्या है तुम्हें एहसास
हर बच्चे में है कुछ तो खास

ख़ुशबू

तुम्हें सोचना
कभी-कभी
गुलाब हो जाता है
मेरे लिए
क्योंकि महक जाती है फ़िज़ा
तुम्हारी यादों की खुशबू से
सोचने भर से ही

प्राचीन-नवीन

अक्सर हो जाती हूँ गुम
सोचकर इस ख्याल को
क्या नए पुराने का कभी मेल हो पाता है
या नए पुराने का द्वंद चलता ही जाता है
कभी प्राचीन नवीन पर
तो कभी नवीन प्राचीन पर भारी रहता है
या तालमेल दोनों का यूं ही जारी रहता है
आज के युवाओं द्वारा आधुनिकता को
अपनाकर प्राचीनता को कोसा जाता है
संस्कारों और रिवाजों का मजाक बनाया जाता है
पर देखें जरा सोच कर
यदि होता ना श्वेत श्याम का जमाना
दो रंगों का महत्व किसने होता जाना
हर स्याह के बाद रंगीन समा हो जाता है
फिर क्यों व्यर्थ के विवादों को ढोया जाता है
आज अगर हो नए तो कल प्राचीन होते जाओगे
तो तुम भी कल प्राचीन कहलाओगे
प्राचीन सुरों को ही नवीन तारों में
पिरोया जाता है
तो फिर क्यों आधुनिकता को केवल रोया जाता है
पुराने त्योहारों को इवेंट का रूप दिया जाता है
प्राचीन का नया रूप तब तुम्हें बहुत भाता है
इसलिए नवीन और प्राचीन मिलकर ही
वर्तमान सजाता है
मिलकर तालमेल बिठाना ही एक
नया समाज बनाता है
एक नया समाज बनाता है

यह फूल

यह फूल
खिलते हैं मेरे मन में कहीं भरपूर,
जब देखती हूँ तुम्हें
कनखियों से मुझे देखते हुए
सबसे छुप छुपा कर...

दिल दरवाज़ा

दिल दरवाज़ा कर लें बंद
हर आहट पर यह सोचें
की बस तुम न हो
वजह तुम नही
पर बंद हैं यह कुछ
अलग ही कारणों से, नही चाहती कि महसूस करो
इन्हें
बस इतना जान लो
यह तुम्हारे लिए नही
तुम पहले से ही बंद हो इसमें
केवल तुम ..

राज़

आइना क्या बोल गया
यह राज सारे खोल गया
दिखावे की शान
दिल के चोर, बड़े बोल
न जाने क्या क्या डोल गया
यह आइना अनचाहे
बोल बोल गया

मेरा वक़्त

हर दिन सोचती हूँ
होगा कुछ अलग
दिन मेरा
सवेर मेरी
पर आती हैं
मेरे हिस्से
सिर्फ़
रसोईघर की कहानियाँ
कड़ाइयाँ और कलछियाँ
खाने पकाने के क़िस्से
कुछ अनमने पल
चाय की प्याली
और कुछ पुलाव ख़्याली
सब अपनी मर्ज़ी का करने का
जी भर रोने और सोने का
पर न नींद आती है
न ही करार
भागदौड़ में भूल ही जाती हैं
सब मेरी जैसी औरतें
कि वक़्त हमारा
हमारे हिस्से में नही है
यह औरतों के क़िस्से
में ही नही है, हाँ! सच में.......

गुज़ारा

गुजारा हो रहा है
गवारा हो न हो
पर गुजारा हो रहा है
अभी है मेहनत के दिन, अभी भाग्य सो रहा है, पर यकीन मानिये साहिब,
गुजारा हो रहा है
इक दिन हरियाला
सावन आएगा, क्या हुआ जो
अभी तपती धूप है, जीवन रूद्र गायन बन
रो रहा है, पर यकीन मानिये साहिब
गुजारा हो रहा है
मिट्टी में मिट्टी हो कर
अभी बन रही है भाग्य मूर्त, उज्जला भविष्य आज की
कालिख धो रहा है, पर यकीन मानिये साहिब
गुजारा हो रहा है

पशुता

कभी कभी तो लगता है
सब कुछ खाली सा, तो कभी यूँ जैसे
भरा हुआ है गले तक
क्या लेकिन??
गुस्सा, प्यार, थोड़ा अहसास
मेरे मनुष्य होने का
सृष्टि में सर्वश्रेष्ठ होने का
लेकिन कभी लगता है
दबी है पशुता भी कहीं भीतर मेरे,

जिसे छुपाता हूँ मैं सबसे

पर यह उभर उभर कर आती है गले तक,

शैतान छिपा है हर सुंदर चेहरे के पीछे,

आता है यह नज़र वक्त बेवक्त
जब नहीं होता कुछ मर्जी का,

जब दबता है यह बेबसियों के नीचे,

जब अपमान का घूंट पिया जाता है,

जब वो सहना पड़े जो नहीं है सहनशील,

आवेश मारता है आवेग,

दबी भावनाएं बनती है आक्रोश,

वही आक्रोश पशुता का रूप बनता है,

जो दबी है सभी के अंतर्मन में,

थोड़ी पशुता यकीनन थोड़ी पशुता,

करे कोई लाख इंकार,

या छुपाये बार बार,

सब में है थोड़ी पशुता
यकीनन थोड़ी पशुता!!

चाँद

सूरज सी जलन क्यों है तुझमें
क्यों नही शीतलता चांद सी
क्या मुश्किल है इतना
सूरज का चांद में बदल जाना
मुझे लगता है
मुश्किल है चांद होना, उधार की चमक से भी
अंजान होना, शांत होना
बनाए रखना अपना स्वभाव

डर

अपनी परछाई से ही बातें करते हैं,

अपनों से ही कुछ कहते डरते हैं,

कहाँ मुमकिन है सबके लिए
अच्छा बन जाना
किसी न किसी को तो चुभते ही रहते हैं,

डर लगता है बात करते औरों से,

अपनी परछाई से ही बातें करते हैं,

निराशाओं के भवँर गहरे पड़ते हैं मन में,

वहाँ दबी कुंठाऐ भी सिर उठाती हैं,

आक्रोश जब बढ़ जाता है
तो कहाँ सँभल पाते हैं
तब डर लगता है बात करते औरों से,

अपनी परछाई से ही बातें करते हैं,

कौन अपना है इस जगत में
व्यर्थ मन ने भ्रम पाले हैं,

झूठे रिश्ते सब स्वार्थ का दम्भ संभाले हैं,

जब घुटन बढ़ती है ज़हन की
तो कहाँ निकाल पाते हैं,

तब डर लगता है बात करते औरों से,

अपनी परछाई से ही बातें करते हैं,

जब अपने देते अनंत पीड़ा,

अनजाने से बन इल्ज़ाम लगाते हैं,

कहाँ उस सन्नाटे से उभर पाते हैं
जो घिरने लगता है अंतर्मन की गहराइयों तक,

अंतहीन कंथाओं का विवरण कहाँ निथार पाते हैं
तब डर लगता है बात करते हैं औरों से
अपनी परछाई से ही बातें करते हैं,

स्वंय का स्वंय से ही नाता ही सुखद रहा
जो कैसे भी ख़ुद को संभाले हैं
वरना रिश्ते और भावनाएं तो भरम के मकड़जाले हैं,

दुःख और पीड़ा ही सर्वश्रेष्ठ है
जो सच्चाई का यथार्थ संभाले हैं,

सच में डर लगता है बात करते हैं औरों से
अपनी परछाई से ही बातें करते हैं

विश्वास

ठोकर लग जाती है
जब विश्वासी बन कर
अपना कोई छलता है
अंतहीन विश्वास पर
विश्वासघात का परचम
फहराता है, ठोकर लग जाती है
जब अपना कोई छलता है
अक्सर मन पूछता
कि क्यों भरोसा किया इतना, जब पता है इस जग की रीत
अपना ही विभीषण बनता है, ठोकर लग जाती है
जब अपना कोई
विश्वासी बन छलता है, स्वार्थ का मायाजाल हो फैला, अंधकार हो स्याह,
अपनेपन का सूरज
फिर कहाँ निकलता है, ठोकर लग जाती है
जब आपना कोई
विश्वासी बन छलता है, निराशाओं का खारा समंदर फैलता है, उमीदों का
मीठा झरना
फिर कहाँ झरता है
ठोकर लग जाती है
जब अपना कोई
विश्वासी बन कर छलता है, दम्भ की हिम शिखा हो विशाल
सर्वज्ञ ढकता है
नम्रता का सोता
फिर कहाँ फटता है, ठोकर लग ही जाती है
जब अपना कोई
विश्वासी बन छलता है

कौन हो तुम

कौन हो तुम? जो अपने होकर भी अजनबी हो
कौन हो तुम?
जो साथ होकर भी साथ नहीं हो
कौन हो तुम?
जो आम होकर भी खास हो
कौन हो तुम?
जो भावनारहित अहसास हो
कौन हो तुम?
जो कल्पना से परे हो
जो सुख की नहीं दुःख की अभिव्यंजना हो
व्यथा हो किसी के नाश की
शून्यता से भरे आकाश की
तख्ती हो किसी की बलिवेदी की
कौन आखिर कौन हो तुम???
पाषाण हो या की हो मोम, आखिर कौन हो तुम!!!

नई दुनिया

नई दुनिया बनानी है
जहां वक्त हो सबके पास अपनों के साथ बिताने के लिए
जहां मोबाइल नहीं किताबें हो कहानियाँ सुनाने के लिए
जहां दादा दादी हों बच्चों को घुमाने के लिए
जहां चिड़ियाँ चहचहाती हों ख़ुशी दिखाने के लिए
जहां स्कूल हों, किताबें हों हर बच्चे के लिए
जहां सुरक्षा हों, हर बेटी और बहु के लिए
जहां नौकरी हों, हर इंसान के लिए
जहां सब कुछ हो, सकारात्मक
परीलोक की कल्पना जैसा सब अच्छा
सब कुछ अच्छा!

क्या मिला

ओह नादान ज़िंदगी, ज़रा अपना हाल तो देख
कितना कुछ छूट गया पीछे, कितना बाकी है अभी
बचपन की किलकारियां, जवानी की मुस्कुराहटें
अधेड़ उम्र का अनुभव
झोली भर अहसास, अपनों का विशवास
रिश्तों में कुछ खास
कुछ जुटा पायी भी क्या तू?
या खो दिया सब कुछ
खुद को ढूंढ़ते हुए
क्या मिला???
खाली वजूद को ढ़ोते हुए.......

विमूढ.

विमूढ़

****

दुनिया बैठी
तबाही के ढेर पर, मर रहा इंसान, छोटा सा इक वायरस, ले रहा है सबकी जान.
काम-धंधे उजड़ गए सब, सब कुछ हुआ बेजान.
गूंगे-बहरे, अंधे बने रहो विमूढ़ों
और बोलो जय श्री राम!
आम आदमी हुआ
गरीब, असहाय, बर्बाद
औ निकली अनेकों जान, इकनॉमी का बैठा भट्ठा
तब भी डींगें हांक रहे
महाबली-बड़बोले श्रीमान.
गूंगे-बहरे, अंधे बने रहो विमूढ़ों
और बोलो जय श्री राम!!
स्कूल-कॉलेज सब बंद पड़े, शिक्षा हो गई चौपट, न कोई नीति, न ही न्याय,
हर किसी का हुआ जीना हराम, गूंगे-बहरे, अंधे बने रहो विमूढ़ों
और बोलो जय श्री राम!!
बीमारी झेलें, गरीबी झेलें, हर गड़बड़, हर घोटाले झेलें, और तुम्हारे राज में कितना, आह-कराह भरें श्रीमान
गूंगे-बहरे, अंधे बने रहो विमूढ़ों
और बोलो जय श्री राम!!!
मूर्तियां बनाओ, मंदिर बनाओ
अस्पताल मत बनवाना, न सोचना किसी गरीब का
कल्याण-उत्थान, बीच सड़क पर मर रहे लोग, तुम पत्थरों में ढूंढो भगवान,
गूंगे-बहरे, अंधे बने रहो विमूढ़ों
और बोलो जय श्री राम!!!!

मंदिर-मस्जिद से क्या होगा-
कोई मुझे तो यह समझा दो, बेरोजगारी हटेगी, अर्थव्यवस्था सुधरेगी
शिक्षा बढ़ेगी, इलाज मिलेगा-
क्या मिलेगा सबको ज्ञान-विज्ञान?
गूंगे-बहरे, अंधे बने रहो विमूढ़ों
और बोलो जय श्री राम!!!!

बुद्ध

बुद्ध हो जाने का अर्थ
नही था महज़ घर छोड़ना और संन्यासी हो जाना
बल्कि इस कष्टदायक संसार से मुक्त हो जाना
जो है पीड़ाओं और तृष्णाओं का कोना, हाँ बहुत ही मुश्किल था बुद्ध का बुद्ध हो जाना
इस जग को मुक्ति का मार्ग दिखाना
कर्मों का हिसाब सिखाना
एकाग्रता और नैतिकता का ज्ञान देना
सत्य और अहिंसा को समझना और समझाना
दया, मधुरता, दान, सदाचार अपनाना
बहुत ही मुश्किल था इंद्रियों पर क़ाबू पाना
राजकुमार बुद्ध का महात्मा बुद्ध हो जाना..

वादा किया था हमने

वादा किया था हमने
मिले न मिले
फिर भी साथ निभाएँगे
राह अलग अलग ही सही
पर चलते जाएँगें
तुम कहीं थक कर रुक गए
तो हम भी रुक जाएँगें
नदी के दो किनारों की तरह
साथ साथ चलते जाएँगें
बात हो न हो चुप्पी ही समझ जाएँगें
तुम आँखों से पूछ लेना हर बात
हम आँखों आँखों में समझाएँगे
जब कभी होंगे तनहा, बेबस
एक दूजे के काम हम आएँगें
एक दूजे के रास्ते में न आयें
पर मुसीबत में दौड़े चले आएँगे
रखेंगे सब कुछ दिल में
अपने राज किसी को न बताएँगे
सब समेटेंगे ख़ुद में
बस दुनिया को नही दिखाएँगे
जब हो जाएँगे हर बंधन
हर ज़िम्मेदारी से मुक्त
तो एक बार फिर पास हम आएँगे
अपनी दुनिया सजाएँगे
पर तब तक रखना अपना ख़्याल तुम
हम मर कर भी जी जाएँगे

बरसात

कोई मौसम कहाँ होता है बरसात का, बरसात तो बस बरस जाती है
हालात और समय अनुसार
जब कभी दिल हो जाए अकेला
दुनिया दिखाए अपने रंग
ख़ुद से ही हो जाए हम तंग
तो होती है मन में दुखों की बरसात
जब खिले जीवन में आनंद के फूल
वरदान बन जाए हर भूल
सारे दुःख मिल जाए बीच धूल
तो होती है मन में ख़ुशियों की बरसात
जब बड़ी गलती पर भी मिले छोटी सज़ा
पिता की डाँट में भी आए मज़ा
शैतानियों पर माँ हो जाए झूठ ही ख़फ़ा
तो होती है मन में ममता की बरसात
जब कोई तुम्हारी हर गलती छुपाए
तुम्हारे सारे इल्ज़ाम अपने सिर ले जाए
भाई- बहन बिना स्वार्थ साथ निभाए
तो होती है मन में स्नेह की बरसात
जब कोई तुम्हारे दुःख में दुखी हो जाए
दुनिया में सबसे ज़्यादा कोई तुम्हें चाहे
तुम्हारे बिना एक पल रह न पाए
तो होती है मन में प्रेम की बरसात
बरसात तो बस बरसती है
हालात और समय अनुसार
तो कोई मौसम कहाँ
होता है बरसात है................

हाँ में हाँ

हाँ में हाँ मिलाना
मुहावरा नही है केवल
यह तो नियति है
हर स्त्री की
यदि मिलाई
तो पगली हर सुख है पाई
कहीं जो
उल्ट जाए विचार
तो शामत है आई
सम्मान की हकदार हैं
तभी तक
जब तक मुंडी है
ऊपर नीचे हिलायी
कहीं जो घूमी
दाएं बाएं
तो समझिये सिंहासन डोला
देखो जरा
समाज है कितना भोला
एक ही मंत्र है
हर स्त्री को सिखाना
जीना है अगर थोड़े
से सम्मान के साथ
तो बस बेटा
हाँ में हाँ मिलाना
केवल हाँ में हाँ मिलाना
यह मंत्र भूल गयी तो
अच्छी औरत न बन पाओगी

सुघड़ न कहलाओगी
बोलो न!
हाँ में हाँ मिलाओगी

सीमा

कठिन होता है
कठिन तो होता ही है
अपनी सीमा में रहना
सीमाओं का अनंत आकाश
और आजादी का एक कोना
बँध कर सीमा में
उन्मुक्त उड़ान कहां है मुमकिन
सब नजरिए का है रोना
मुश्किल है हां मुश्किल तो है
जानना और पहचानना
अपनी सीमा को
सीमा की परिधि किसने की है तय
कोई मुझे समझाएं
कौन चंचलता को काबू करे
और कौन भावनाएं दबाए
यह नियम आखिर
किसने हैं बनाए
दायरे, सीमा, अपवाद है उन्मुक्तता के
कोई स्वच्छंद क्यों ना रह पाए
हर बंधन हर सीमा
सिर्फ बंधना समझाए
गर करे मन कलरव और
उड़ान का ध्यान
तो परिधि छोटी पड़ जाए
फिर क्यों कोई सीमा में बंध जाए
जो किसी नश्वर द्वारा ही बनाई जाए
क्यूँ सिमटता अपनाई जाए

क्यूँ सीमा मन को समझाई जाए
क्यूँ..........

नही हो पाषाण तुम

बोल देना
जब कुछ न लगे सही
कह देना
जो चाहती हो तुम कहना
बस तुम चुप मत रहना
जो नही सहना चाहिए
वो कभी मत सहना
बोल देना
जब कुछ लगे कि
अब है कहना
कोई तुम से करे सवाल
तो देना
उसकी हर शंका का समाधान तुम
बस यह मत सोचना कि
तुम्हें नही है कुछ कहना
रखना हृदय में भाव तुम
क्योंकि नही हो पाषाण तुम
रीति कहेगी तुम्हें सब है सहना
तुम कहना
बस अब है कहना....

कलियाँ/लड़कियाँ

खिड़की के बाहर झाँकू तो दिखते हैं
मोतिए के सफ़ेद फूल
कुछ खिलते, कुछ मुरझाते
सुगंधित मुस्कुराते से फूल
जीवन कलियों का खिलना, महकना
मुरझाना और झड़ जाना
कुछ कुछ मिलता स्वरूप
स्त्री जीवन का भी यही तानाबाना
मिट्टी हवा पानी से असबाब लेकर
खिलती कलियाँ
भावनाएँ बंधन संस्कार लेकर
जिस प्रकार पलती लड़कियाँ
बंध जाती ज्यूँ भँवरे के प्यार में कलियाँ
बंध जाती यूँ घर संसार में लड़कियाँ
तेज हवा के झोंकों से कुछ टूटती
कुछ मुरझाती कलियाँ
जीवन पथ पर ऐसे ही करती संघर्ष
डोलती-डालती पर मुस्कुराती लड़कियाँ
जब तक हैं डाली पर खिली
उपवन वन महकाती कलियाँ
ठीक वैसे घर संसार
महकाती और सजाती लड़कियाँ
नाज़ुक कंधों पर बढ़ी ज़िम्मेदारियाँ उठाती लड़कियाँ
बहुत कुछ न कह कर भी कह जाती लड़कियाँ
स्त्री और स्त्रीत्व को ताउम्र निभाती लड़कियाँ
हक़ों से अधिकारों से
अक्सर वंचित रह जाती लड़कियाँ

चाहे अनचाहे रिश्ते ढोती और निभाती लड़कियाँ
फिर भी कलियों सी मुस्कुराती लड़कियाँ
ख़ुशबू बिखराती लड़कियाँ................

दूरियाँ-नज़दीकियाँ

दूरियाँ-नज़दीकियाँ
कोई पास रह कर भी दूर तो

कोई दूर रह कर भी पास है,

दूरियाँ-नज़दीकियाँ महज़ अहसास हैं,

मीलों का पैमाना केवल गणित का हिसाब है,

कहाँ सुलझे यह उलझन,

नित दिन उलझे यह उलझन,

क्यूँ कोई इतना दूर तो

क्यूँ कोई इतना पास है,

नज़दीकियाँ दूरियाँ बन जाए,

दूरियाँ नज़दीकियाँ हो जाएँ यह भी इत्तेफ़ाक है
तो क्यूँ है डर दूर हो जाने का,

जो नज़दीक है वो भी कहाँ पास है,

दूरियाँ-नज़दीकियाँ महज़ अहसास हैं।

यूँ तेरा मिलना

ज़िंदगी थम सी जाती है
जब सोचती हूँ तेरा मिलना
यूँ बेसबब,

बेवजह
तपती रेत पर रजनीगंधा का खिलना
बारिशों में तितलीयों का मचलना,

स्याह रात में जुगनुओं का निकलना,

बेमतलब सा यूँ ही तेरा मिलना,

शांत से समंदर पर लहरों का मटकना,

गहरे जंगल में मस्तमौला सा भटकना,

पतझड़ में गुलाबी कलियों का चटकना,

अचानक से यूँ तेरा मिलना,

बेसबब, बेवजह ……..

होली

होली कुछ इस तरह मना लीजिए,

दिल मिले न मिले हाथ मिला लीजिए,

थोड़ा अबीर, थोड़ा गुलाल
आसमान में फैला लीजिए,

हाथ बढ़ा के किसी रूठे को मना लीजिए,

रंगों में थोड़ा प्यार और तकरार
मिला लीजिए,

भूल सारे गिले-शिकवे,

केवल प्यार दीजिए,

छोटे बड़े सबका सम्मान कीजिए
होली के रंगों को जीवन में भी उतार लीजिए
गालों के गुलाबी रंग को थोड़ा सहला लीजिए,

लाल रंग को अपनी शक्ति बना लीजिए,

हरे रंग से मन में हरियाली सजा लीजिए,

पीले रंग सा उल्लास जगा लीजिए,

भर दो आसमानी रंग को जीवन में,

और इन ख़ुशियों से झोली भर लीजिए
होली कुछ इस तरह से मना लीजिए ..

घुटन

घड़ी की दो सुइयाँ,

बड़ी-छोटी,

दिन रात एक बंद आयाम

और आवृति में घूमती,

निरंतर चलती कुछ न कहती
नियति ने गढ़ रखी हो

जैसे चाल ही इनके लिए,

ख़ामोश निशब्द,

एक घुटन को साथ लिए,

वक़्त के बदलने से भी स्थिर,

एक ही कार्य के लिए प्रयासरत,

बाहर क्या होता है,

इससे अनजान,

अपनी घुटन के साथ घुटती,

चुप बिल्कुल चुप,

बस चलती जाती....

ख़ास हो तुम

वो एहसास कि ख़ास हो तुम,

वो एहसास कि मेरे आसपास हो तुम,

ज़िंदगी की भागदौड़ में,

एक सकूँ भरा विश्राम हो तुम,

थक कर हो जाऊँ चूर

तपती दोपहरी में
तब ठंडक भरा आराम हो तुम
बड़ा प्यारा वो अहसास

कि आसपास हो तुम,

वो एहसास कि ख़ास हो तुम,

यक़ीं सा है कि मेरी चाहत हो तुम,

भरोसा है कि मेरी राहत हो तुम,

परेशानियों की दस्तक में,

ख़ुशियों भरी आहट हो तुम,

ज़िंदगी की बेबस बंदिशों को,

अनायास ही मिल जाए

वो इजाज़त हो तुम,

बड़ा प्यारा वो एहसास

कि आसपास हो तुम,

वो एहसास कि ख़ास हो तुम,

मेरे ख़्वाबों के ज़हाँ का

एक अक्स हो तुम,

हाँ, प्यार है जिससे मुझे,

अनदेखे, अनजाने से वो शख़्स हो तुम,

सुबह की पहली दुआ और

शाम की आज़ान हो तुम,

जो है अधूरा और शायद रहेगा भी अधूरा,

मेरे हृदय में छुपा वो अरमान हो तुम,

बड़ा प्यारा है वो एहसास कि आसपास हो तुम,

वो एहसास कि ख़ास हो तुम....

आह्वान

वैश्विक स्तर पर फैली एक बीमारी,

केवल बीमारी नही एक महामारी,

चल रही जंग अभी इस के ख़िलाफ़,

जल्द ही जीतेंगे और मुस्कुराएँगे हम,

पर सोचा है कभी क्या हम सबने?
हर चोट है सीखती इक नया ज्ञान,

इससे बचने के बाद,

आत्मविश्लेषण पर हो थोड़ा हमारा ध्यान,

क्या कर नही रहे थे प्रकृति का शोषण हम?
जिससे क्रुद्ध हुई क़ुदरत और पाया यह अभिशाप,

जिस गंगा को साफ़ करने में ख़र्च हुए,

करोड़ों रूपए और साल,

वो दो महीनों में ही हो गयी,

निर्मल पाक़ताल,

प्रकृति ने भी उज्ज्वल रंग दिखाए,

एक साथ दो-दो इंद्रधनुष आसमान में नज़र आए,

क्या यह सब नही चाहिए हमको!
हमेशा के लिए साफ़, स्वच्छ, निर्मल,

तो करें मनन और आह्वान करें,

प्रदूषण कम करने का,

वायु को स्वच्छ करने का,

आत्मनिर्भर बनने का,

शुद्धता को अपनाने का,

इक नया पेड़ रोज़ लगाने का,

जीव-जन्तुओं के संरक्षण

और जंगलों को बचाने का,

अपना कार्य स्वयं कर,

आत्मनिर्भर बन जाने का,

एक स्वच्छ और आत्मनिर्भर समाज बनाने का,

करें सब मिल के आह्वान परिवर्तन लाने का.......

समाधान हर मुश्किल का है

समाधान हर मुश्किल का है,

बस वक़्त का ज़रा सा फेर है,

थोड़ा बदल नज़रिया,

अभी भी नही हुई देर है,

हार के बैठ जाऊँ कहीं,

न सोच कभी यह, तक़दीर लकीरों में नही है
बस हाथों का यह खेल है,

पल पल बदलता जीवन,

और बदलते हैं हालात, कभी हैं तेरे पक्ष में
तो कभी लगाते घात,

हर एक निराशा में,

तू नई इक आशा सुन,

रास्ते के पत्थरों को,

तू अपनी इमारत के लिए चुन,

बुद्धि, विवेक का कर उपयोग,

हर मुश्किल बने आसान,

बने ये संयोग,

कर्मपथ पर राही तू आगे बढ़ता चल,

समाधान हर मुश्किल का है
तू बस अपना नज़रिया बदल...

ज़िंदगी को चखा है

बड़े चाव से,

ज़िंदगी को चखा है,

आँखें खोल और देख,

देखने को कितना कुछ बचा है,

कहीं चटकती हैं अनखिली कलियाँ,

तो कहीं हरियाली घास है,

कहीं बिछड़ता कोई किसी से,

तो कहीं बरसों बाद मिलन की आस है
सुनहरी धूप पसरी धरती पर,

सोने सी चादर बिछी हुई,

कहीं सर्द है मौसम दिलों का,

कहीं बर्फ़ में भी गरमाहट है
पत्ते गिरते हैं झरझर पेड़ों से,

तो फूलों के खिलने की भी आहट है,

बहुत कुछ दिखाती है प्रकृति,

तू बता तुझे किसकी चाहत है
हर मौसम, हर रंग है ज़िंदगी से भरा,

कहीं ज़िंदगी है सरोबर
रंगों से भरी, मख़मली अहसास और कुछ ख़ास

बहुत कुछ बाक़ी है अभी रखा,

हाँ, बड़े चाव से हमने ज़िंदगी को है चखा....

थोड़ा सा आसमान

किसे तमन्ना थी,
मिलें ख़ुशियाँ तमाम,
हमारे लिए तो काफ़ी है
थोड़ा सा आसमान,
रहगुज़र-रहबसर हम इसी में कर लेंगे,
चाहिए बस चुटकी भर छाँव,
और छोटा सा ऊँचे टीले पर एक मकान,
जहाँ चमके धूप की किरणें,
बारिश की बौछार दे
और थाम ले तूफ़ान,
फूल खिलें जहाँ ख़ुशियों के,
और बने इक मुकम्मल दास्तान,
भले ही संसार सारा न हो,
बस छोटा सा जग हमारा हो,
जहाँ रब हो न हो,
पर ज़िंदा हो इंसान,
किसे तमन्ना मिले ख़ुशियाँ तमाम,
अपने लिए तो काफ़ी है थोड़ा सा आसमान

कुछ कुरते

टंगे रहते हैं कुछ कुरते

अलमारी में यूँ के त्यूँ
और नए कुरते से अलमारी भरती जाती है
अक्सर इन पुराने कुरतों को निकाल कर,

बाहर रखती हूँ, देखती हूँ, फिर रख देती हूँ,

यह कुरते भी उन पुरानी यादों और लम्हों के जैसे लगते हैं मुझे, जिन्हें न निकाल सकते हैं न पहन सकते हैं,

कुछ लम्हें जीवन में ख़ास होते हैं,

रखते हैं सहेज़ कर हम उन्हें,

जब तब याद करके ख़ुश होने के लिए,

यादें जो जितनी पुरानी होती जाती हैं,

अनमोल होती जाती हैं
ठीक वैसे ही यह कुरते पुराने होकर
भी अनमोल होते जा रहें हैं,

सिमटती हैं इनके साथ इनकी यादें भी,

दीपावली पर लिए नए कुरते
किसी अपने की खूबसूरत भेंट यह कुरते,

माँ की प्यार भरी भेंट,

तो बहन के तोहफ़े,

निकालती हूँ,

देखती हूँ याद करती हूँ,

उन लम्हों को जो इनसे जुड़े हैं,

रख देती हूँ सहेज़ कर फिर अलमारी में,

जैसे यह तुच्छ वस्तु न होकर मेरे यादगार लम्हें हों,

जिन्हें देना चाहती हूँ मैं

ख़ुशियों की विरासत के तौर पर,

जिसप्रकार यह मेरे लिए ख़ास और ख़ुशनुमा पल लाए,

वैसे ही पल उसके जीवन में भी आए,

जो मेरी इस विरासत को संभाले, चाहे वो कोई भी हो.......

एक अकेला

एक अकेला,

आया था इस शहर में,

ढूँढने चंद सिक्के,

क़ीमत हर एशो-आराम की,

छोड़ आया था पीछे,

अपनी घिसी-पीटी सी ज़िंदगी,

बहुत आम सी, सोचा था शहर में, सपने पलेंगें
और गाँव में अपने,

पर निगल गया उसे इस शहर
का राक्षस,

रात-दिन एक करते करते,

भूला वो सब सपने सब अपने,

सिक्कों ने अपना असली रंग दिखाया,

देखो!! देखो वो बौराया,

अब दिखता है वो जो दिखाता है यह शहर,

करता है वो जो यह सिक्का है करवाता,

आज शहर का वो है भाई कहलाता,

उसे कभी नही है अब वापिस जाना,

बन माया का ग़ुलाम अब है मर जाना,

एक अकेला, शहर और सिक्कों का खेला, वो अकेला……..

ज़रा सा

ज़रा सा कष्ट कर लेते
ज़रा सा एडजस्ट कर लेते,

क्या फ़र्क़ था ही पड़ता
जो तुम आवाज़ धीमी कर लेते,

क्या मुमकिन नही था तुम्हारा,

कुछ देर बाहर टहल आना,

जब ज़ज़्बातों का समंदर उमड़ा ही था,

तो तुम केवल सुनते, ज़रा सा कष्ट कर लेते
ज़रा सा एडजस्ट कर लेते,

आख़िर किससे कहती वो,

दुख अपने, कई क़िस्से अनकहे,

हर बात हर परिस्थिति में,

वो एडजस्ट है करती,

आज ज़रा तुम भी कर लेते,

पर पुरुष सुलभ अभिमान,

कहाँ तुम्हें कुछ सुनने देता?
वो एक कहे तो तुम्हें उसे,

उसकी जगह दिखानी है,

यह सब तुम कैसे भूल लेते,

थी तो महज़ ज़रा सी बात,

केवल उसे दिलाना था मुझे,

मैं तेरे साथ हूँ का अहसास,

बस यही ज़रा सा कष्ट कर लेते,

तुम भी तो थोड़ा सा एडजस्ट कर लेते,

काश तुम भी ज़रा सा एडजस्ट कर लेते......

किसे पता था?

किसे पता था,

ऐसा कुछ हो जाएगा,

कोई अजनबी यूँ दिल के क़रीब आएगा,

रुके से कदम फिर चल पड़ेगें,

बेजान रास्ते फ़िर महक उठेंगें,

कभी थे अजनबी-अनजान,

जैसे दो बर्फ़ीले पहाड़,

खड़े हों मुँह फेरे,

प्रेम की आँच से पिघले दो शिलाखंड,

बन हवा महके उपवन दर उपवन,

हवाएँ कभी इतनी ख़ुशनुमा न थी,

किसे पता था, ऐसा कुछ हो जाएगा,

रोशन रोशन सारा जहाँ हो जाएगा,

छोटा सा जुगनू सूरज बन जाएगा,

फूल खिलेंगें दिल में ही नही, राहों में
आशा बन कोई बहार सी नई लाएगा,

कोई आएगा और दिल के तार झंकृत कर जाएगा,

फिर से जी भर जीना सिखाएगा
किसे पता था, ऐसा कुछ हो जाएगा!!!

शायर दिल

आज दिल शायर है,

ख़्वाबों का परिंदा,

उम्मीदों से घायल है,

हर एक शह है उसकी,

आवारगी की क़ायल,

ग़म बना इक़ नगमा,

और दिल शायर है,

देख कर उसकी बेरुख़ी,

हमारा रूठ जाना भी, जायज़ है,

लौटेगा वो कभी,

यह सोचना भी शायद है
ग़म बना आज एक नगमा
और दिल शायर है,

ज़रूरत उसे नही गर हमारी,

तो हमें भी उससे,

क्या क़वायद है,

मिला उसे कोई और,

तो झाँकना उधर हमारा
यकींनन अब नाजायज़ है

ग़म है आज एक नग़मा
और दिल शायर है!

तुम्हारी याद

तुम्हारी याद,

अगर सच कहूँ तो
तुम्हें याद नहीं करती मैं,

तुम ख़ुद ही याद आ जाते हो,

ठीक वैसे ही
जैसे खिड़की पर लगे गुलाब में फूल;

गर तुम पूछो कि याद क्यों आईं,

मैं कहूँगी मुझे नहीं मालूम,

क्योंकि मुझे नहीं मालूम कि उस पौधे में फूल क्यों आए
बस इतना जानती हूँ कि उन्हें आना चाहिए,

शायद इसलिए कि
उस पर अगर फूल न लगे
तो वो कुछ ख़ास अच्छा नहीं लगता..
तुम्हारी यादें उस गुलाब के फूल जैसी हैं
जो न हों तो अच्छा सा नही लगता!!

मैं छटपटाती हूँ

मैं हूँ इस भारत की स्वतन्त्र नागरिक, आओ कुछ बातें दिखलाऊँ, किन किन
बातों के लिए
हाए मैं छटपटाऊँ
क्या मनाऊँ जश्न मैं?
अपनी अधूरी भौतिक स्वतंत्रता पर
या पूरी असामाजिक परतंत्रता पर
संविधान की बेमिसाल अक्रियान्वित
समता पर
या समाज की नित बढती विषमता पर
क्या मनाऊँ जश्न मैं?
अपनी सौभाग्यशाली योग्यता पर
या उसको कूड़े में डाल देने वाली
राजनीतिक मूर्खता पर
अपनी परंपराओं की महानता पर
या उसे बेड़ियों में बदल चुकी
अमानुषता पर
क्या मनाऊँ जश्न मैं?
खेल के मैदानो को बिल्डिंगों में बदल देने वाली नीतियों पर
या रोजी-रोजगार के लिए रोज परीक्षा देते
छटपटाते युवाओं पर
युवाओं को गुमराह करते नेताओं पर, समाज को ही खोखला कर रहे
समाजिक कार्यकर्ताओं पर
क्या मनाऊँ जश्न मैं?
मैं नही छटपटाती, उस स्वर्ग के लिए जो जीते जी नहीं है
मैं नही छटपटाती
उस दिखावटी धर्म के लिए
जिसकी परिभाषा अधर्मी देते हैं

मैं नही छटपटाती
अपनी गलतियों के लिए भी
क्योंकि बिना इसके विषम समाज में
गुजारा नहीं है
मैं नही छटपटाती
खुद के लिए, क्योंकि होना न होना मेरा मान्य नही है, और यह परिस्थिति भी सामान्य नही है, केवल मेरे लिए, मैं अपने उस नागरिक के लिए छटपटाती हूँ
जो शपथ लेने के बाद भी अब नागरिक नहीं है
मैं उस अनागरिक के बचे हुए नागरिक के
पुनर्जीवन के लिए छटपटाती हूँ
मैं छटपटाती हूँ
देश के ग्रंथों में जो लिखा है
जो होते दिख रहा है और जो छिपा होने से
नहीं दिख पा रहा है, उन सभी के क्रियान्वित हो जाने के लिए, मैं छटपटाती हूँ
मैं भारत की स्वतंत्र-नागरिक
अपनी बेजान हुई जा रही
स्वतंत्र-नागरिकता के लिए छटपटाती हूँ!!!

मूढ़

दुनिया बैठी तबाही के ढेर पर,

मर रहा इंसान,

छोटा सा इक वायरस,

ले रहा है सबकी जान,

काम धंधे उजड़ गए सब,

सब कुछ हुआ बेजान, गूँगे-बहरे, अंधे बने रहो तुम
और बोलो जय श्री राम,

आम आदमी हुआ ग़रीबी की रेखा के नीचे,

ग़रीबों की तो निकली जान,

इकॉनमी का हो हुआ सत्यानाश,

दुनिया में छाया अंधकार,

गूँगे-बहरे, अंधे बने रहो तुम
और बोलो जय श्री राम,

स्कूल-कॉलेज सब बंद पड़े,

शिक्षा हो गई चौपट,

न कोई नीति न ही न्याय,

अंधेर नगरी चौपट राजा,

हर किसी का हुआ जीना हराम,

गूँगे-बहरे, अंधे बने रहो तुम
और बोलो जय श्री राम,

बीमारी झेलें, ग़रीबी झेलें,

हर गड़बड़ हर घोटाले झेलें,

और तुम्हारे राज में कितना,

झेलना आम आदमी को पड़ेगा सरकार?
गूँगे-बहरे, अंधे बने रहो तुम
और बोलो जय श्री राम,

मूर्तियाँ बनाओ, मंदिर बनाओ
अस्पताल मत बनवाना,

न सोचना किसी ग़रीब की सुविधा,

बीच सड़क पर मर रहे लोग,

तुम पत्थरों में ढूँढो भगवान,

गूँगे-बहरे, अंधे बने रहो तुम
और बोलो जय श्री राम,

इस सब से होगा क्या,

कोई महिमा मंदिर की मुझे भी समझा दो,

बेरोज़गारी हटेगी?
अर्थव्यवस्था सुधरेगी?
शिक्षा बढ़ेगी?
इलाज मिलेगा?
टेक्नॉलजी संभलेगी?
कुछ तो बता दो,

इतना कुछ सोचने का कहाँ है तुम्हें प्रावधान,

गूँगे-बहरे, अंधे बने रहो तुम
और बोलो जय श्री राम, बोलो जय श्री राम.....

कुछ औरतें

कुछ औरतें रहती हैं चुप,

जानती, बुझती, समझती सब कुछ,

पर रहती हैं चुप,

सुनती हैं वो चुपके से कलरव चिड़िया का,

माँग लेतीं हैं उससे पर उड़ने के लिए,

पर दिखाती हैं यूँ कि नही आता उन्हें उड़ना,

चुभती है उन्हें धूप,

जानती, बुझती, समझती सब कुछ, पर रहती हैं चुप,

अक्सर देखती हैं अठखेलियाँ तितली की फूलों के संग,

उधार ले लेती हैं ये रंग इन तितलियों के,

और भर देतीं हैं अपने सतरंगी सपनों में चुपके से,

और दिखाती हैं दुनिया को फीका रंग ख़ुद,

जानती, बुझती, समझती सब कुछ, पर रहती हैं चुप,

चुपके से खोलती हैं ये खिड़कियाँ,

आवारा पवन के लिए,

हवा से लेती हैं उड़ना उधार और निकल जाती हैं,

खिड़कियों के रास्ते से खुले आकाश में,

पर बंद रखती हैं कपाट दुनिया को दिखाने और कहने को रुक, जानती, बुझती, समझती सब कुछ, पर रहती हैं चुप,

धीरे से सोखतीं जाती हैं ये फूलों की शोख़ियाँ

खोल केश, बाँधती फूलों को इनमें

और इतराती, सुगंधों को अपने अंदर समाती,

पर सब के सामने आती बँधे बालों के साथ,

फूलों को गमलों में सजाती हुई ख़ूब,

जानती, बुझती, समझती सब कुछ, पर रहती हैं चुप,

समेटती हैं ये शांति से अपने हिस्से की बारिश,

ठंडी फुहारों में ख़ुद को भिगोते हुए भूल जातीं हैं मर्यादाएँ, भिगोने देतीं हैं नन्हीं बूँदों को अपना बदन

और सर्वस्य अंतर्मन,

पर दहलीज़ के अंदर पाँव रखते ही, सूखा देतीं हैं अपने कपड़ों को चुपके से,

मोड़ देतीं हैं बादलों का रुख़,

जानती, बुझती, समझती सब कुछ, पर रहती हैं चुप,

रोज़ रात को निहारती हैं चाँद को,

आसमान और ख़ुद को आईने में,

भिगोतीं हैं चाँदनी में अपने पैरों को,

और ख़ुद पर ही होती मोहित अपने अक्स को निहार कर,

रहती अपने आप में बेहद ख़ुश,

जानती, बुझती, समझती सब कुछ, पर रहती हैं चुप,

देखतीं हैं ये भी ख़्वाब और ओढ़ लेतीं हैं अपने हिस्से का आसमान,

कर लेना अपने मन की,

बंदिशों में भी जी लेना भरपूर

और दिखाना रास्ता अपने जैसी अन्य को जीने का,

कर लेना अपने आप को पूरा,

कर लेना दीप्त अपनी आत्मा और मन को,

ढूँढ लेना हर दुःख में सुख,

जानती, बुझती, समझती सब कुछ, पर रहती हैं चुप,

कुछ औरतें.............

औरत

वो लड़ रही है,

जूझ रही है,
गर्म-सर्द साँसों को पी रही है,

वो टूट रही है, जुड़ रही है,

मिट्टी से रूह तक का सफ़र कर रही है
उससे न कहो कि वो हार जाए,

वो हारती-हारती जीतना सीख रही है।

नादान ज़िंदगी

बड़ी मायूस सी रहती है मेरी ज़िंदगी,

मुझसे कहती है हरदम,

परेशान हो चुकी हूँ,

तुझे सवांरते – सवांरते,

तेरी खामियों को नजरअंदाज करते करते
नादान है मुझसे शिकायत कर लेती है,

क्या बताऊँ उसे कि कुछ उलझी सी हूँ,

मैं भी उसकी परेशानियों को सुलझाते-सुलझाते,

अधूरी सी रह गई हूँ मैं भी,

उसकी ख़्वाईशों को पूरा करते करते,

चाहती है वो कि मैं चलूँ उसके बनाये रास्ते पर
यह रास्ते मुझे उससे ही दूर ले जाते हैं,

काश थोड़ा समझ पाए वो कि,

रास्ते ये उसके मर्जी नहीं मेरी,

तौर – तरीके मैं उसके निभा रही हूँ
तुमसे मिलते- मिलते ऐ ज़िंदगी,

एक अरसा बीत चुका,

खुद से खुद का हाल भी नहीं पूछ पाई हूँ,

अरमान ये तुम्हारे, बोझ उसका मैं ढो रही हूँ
निराश हो तुम फिर भी,

पूछती हो मुझे मैं तेरे लिए कर ही क्या पाई,

काश के तुम समझ पाओ कभी,

मैं हताश हूँ तुमसे, तुम निराश हो मुझसे
परेशान हम दोनों है एक दूसरे से,

थोड़ी नासमझ है नादान,

शिकायत करने का हक़ पूरा तुझे ही दे रखा है
हाँ कसूर है मेरा के मैं तेरे मापदंडों पर,

खरी नहीं उतर पाई,

पर क्या ऐ ज़िंदगी
तुझे थोड़ी भी परवाह है,

कि मैं तुझसे क्या चाहती हूँ ....

पहले जैसी बात नही

पहले जैसी बात नही,

अब नाम के रह गए रिश्ते-नाते,

अब रिश्तों में वो मिठास नही,

था हर रंग मौजूद रंगीन होली का,

अब रंगों में भी वो बात न रही,

थी रंगीन रोशनी दीवाली के दीयों की,

आज मिट्टी के दीयों की कुछ औकात न रही,

थे मज़बूत बंधन कच्चे धागों के भी,

अब सोने की राखी भी कुछ ख़ास न रही,

होता था हर पर्व उल्लासित, ख़ुशियों भरा,

अब तो दशहरे की जलेबी भी उदास रही,

सावन के झूले और शगुन पिटारे,

सब भूले, सावन की हर सौग़ात अब सौग़ात न रही,

दिखावे के सारे त्यौहार,

स्वार्थ के सारे रिश्ते,

अब तो रिश्तों में भी कोई बात न रही...

कोई एक

हज़ारों में से किसी एक को
होता है हक़ स्त्री के अंदर झाँकने का,

ख़ुशी के पीछे के दर्द को समझने का,

मुस्कुराहट के पीछे के ग़म देख पाने का,

औरतें कहाँ खुल पाती हैं हर किसी के साथ,

वो अधिकार तो होता है बस किसी एक का,

वो जो अपना हो न हो,

जिसे दे अधिकार स्त्री अंतर्मन को छू जाने का,

जिसे दे स्त्री अधिकार ख़्वाबों में आ जाने का,

उसके ज़हन और आत्मा पर छा जाने का,

हज़ारों में किसी एक को होता है, होता है हक़,

हक़ जताने का,

महज़ जिस्म से नही आत्मा से क़रीब आने का,

उन दर्दों को सहलाने का,

जो दिए जाते हैं उसी की प्रजाति द्वारा,

फिर भी देती है हक़ स्त्री किसी एक को क़रीब आने का,

उसे अपनाने का, उसका हो जाने का,

हाँ, हज़ारों में किसी एक को.....

पहचान में नही आता

यहाँ कोई भी शख़्स अब,

पहचान में नही आता,

मर गई हैं सब की संवेदनाएँ,

किसी दूसरे का दर्द तड़पने,

के लिए मजबूर नही है कर पाता
यहाँ कोई भी शख़्स अब, पहचान में नही आता,

निगाहों ने खो दी है, अच्छे बुरे की पहचान,

अपनी ग़लतियों पर डाल कर पर्दा,

अब कोई नही है पछताता,

यहाँ कोई भी शख़्स अब, पहचान में नही आता,

उदारता खो गई है कहीं, धोखे का बाज़ार है लगाता,

पीठ में ख़ंजर उतार कर भी, कातिल कोई नही कहलाता,

यहाँ कोई भी शख़्स अब, पहचान में नही आता,

जीभ ने खो दिया पवित्र स्वाद, बेईमानी के विषैले स्वाद को
अमृत मान कर हर कोई है अपनाता,

यहाँ कोई भी शख़्स अब, पहचान में नही आता,

किससे शिकायत करें अब, रिश्ते-नाते हुए मतलबी,

अपनों के होते हुए भी, ख़ुद को गैर है पाता,

यहाँ कोई भी शख़्स अब, पहचान में नही आता.....

वापिस तुमको जाने न देंगे

जाने नही देंगे,

अबकी बार जो आओगे परदेसी,

वापिस तुमको जाने न देंगे,

देख तेरे शहर की गलियाँ,

आज भी सूनी तेरे बिन,

घर की छत पर उड़ती पतंगे, ढूँढती हैं तुझे हर दिन,

पलकें जो भीगती हैं तेरे बिन,

उन पलकों पर ख़्वाब नए सजाने देंगे,

अबकी बार तो आओगे परदेसी
वापिस तुमको जाने न देंगे,

नोटों से माना घर भर दिया तुमने,

सबका मुँह बंद कर दिया तुमने,

फिर भी सूनी सी पड़ी हवेली,

फूल हैं चारों तरफ़ मुस्काते,

फिर भी हैं इस घर के मन मुरझाए,

बाप की पथरीली आँखों में,

तेरे साथ के सपने तरने देंगे,

अबकी बार जो आओगे परदेसी,

वापिस तुमको जाने न देंगे,
माँ की गोद है सूनी,
आँचल उसका तेरी राह पुकारे,
संसार के सारे सुख तुझे दे कर,
इस बुढ़ापे में पाया अकेलापन,
उसके काँपते हाथों को चाहिए तेरा सहारा,
अब उसका हाथ तेरे हाथ से छूटने न देंगे,
अबकी बार जो आओगे परदेसी,
वापिस तुमको जाने न देंगे.....

तेरी आवाज़ के फूल

आवाज़ों के जंगल में, वो तेरी आवाज़ के फूल
कभी रहते इससे रूबरू
तो कभी जाते हो भूल
महज़ कुछ लम्हें करने हैं
तुम्हें नाम हमारे, इन लम्हों में भी
तुम क्यूँ रहो हम से दूर, आवाज़ों के जंगल में, वो तेरी आवाज़ के फूल, सुन
कर महकते हैं, दिन-रात सहर-शज़र हमारे
जानते हुए भी क्यूँ, बैठे रहते हो उस कूल, आवाज़ों के जंगल में, वो तेरी
आवाज़ के फूल, गर चाहते हो दूर जाना हमसे, जाना चाहते हो सब भूल, तो
क्यूँ नही चले जाते, उड़ा रहे यूँ जो वहम की धूल, आवाज़ों के जंगल में
वो तेरी आवाज़ के फूल.....

कितनी दूर

कितनी दूर, चलना है अभी कितनी दूर?
थक गए हैं पाँव, देह हो गई चूर, अभी चलना है बताओ कितनी दूर?
मेरे साथ-साथ थक गए हैं, चाँद-सितारे, बादल-पंछी, नदी-सागर, हैं दूर किनारे
थक गई अब तो धरती भी भरपूर, अभी चलना है बताओ कितनी दूर?
इस राह में है नही कोई गाँव, न कोई ठौर न ठाँव, ज़िंदगी ढूँढ रही है छाँव,
उस पर यह, धूप गर्मी वर्षा अतिक्रूर
अभी चलना है बताओ कितनी दूर?
कितनी दूर.....

आओ, बातें करते हैं

आओ, कुछ बातें करें,

रंग जीवन में फिर से भरें,

इक चुप्पी सी है दोनों में छाई,

दूर हो रही ख़ुद से ख़ुद की परछाई
ख़्वाबों के पंखों में फिर से उड़ान भरें,

आओ न, कुछ बातें करें,

आसमान का रंग हुआ निपट सफ़ेद,

हो चुका तेरे मेरे रिश्ते सा सफ़ेद,

चल आसमान को फिर से गुलाबी करें,

इसमें गुलाबी इश्क़ भरें,

आओ न, कुछ बातें करें,

हवाएँ हैं यूँ बेजान सी ख़ाली,

जैसे तेरी मेरी भावनाएँ हैं ज़ियाली,

चल हवाओं में ख़ुशबू भरें,

चारों तरफ़ इत्र इत्र करें, आओ न,

कुछ बातें करें,

चाँद न चमके इन दिनों,

हुआ यह फीका ज़र्द,

यूँ जैसे हमारा रिश्ता है सर्द,

चल चाँद को थोड़ा चमकीला करें,

इसमें रोशनी का अर्क भरें,

आओ न, कुछ बातें करें
रंग ज़िंदगी में भरें, आओ न बातें करें...

अपनी तरफ़

अपनी तरफ़ भी देखो,

ईमानदारी औरों को सिखला रहे,

पर ख़ुद बेईमान होते जा रहे हो तुम,

नीति, न्याय और धर्म की बातें फ़िज़ूल,

स्वार्थ अपना साधाए जा रहे हो तुम,

उपदेश अलग और आचार अलग ही किए जा रहे हो तुम, आदर्श कुछ भी हो पर कर रहे हो अलग व्यवहार तुम,

समस्याएँ गिनवाते जा रहे हो,

अनदेखे करते जा रहे हो उपचार तुम,

सदाचार, संस्कार बीमार से दिख रहे,

उद्देश्य है कुछ और आधार कुछ,

दिख नही रहा तुम्हें कुछ भी,

इतने क्यूँ हो लाचार तुम,

हर इंसान द्वन्द्व में जी रहा,

कर्तव्य छोड़ कर रहे व्यापार तुम,

नियम क़ायदे ताक पर रख कर,

ख़ुद को कर रहे बर्बाद तुम,

औरों के दोष हज़ार और ख़ुद क्या पाक-साफ़ हो तुम,

देखो अपनी तरफ़ और ख़ुद को ही जवाब दो,

क्या ख़ुद से कर रहे इंसाफ़ तुम,

क्या है ज़मीर ज़िंदा अभी भी या
महज़ दिखावे के ईमानदार हो तुम...

त्याग दो

त्याग दो,

त्यागना पड़े तो उन तमाम सुखों को तुम दो त्याग,

जो बेड़ियाँ बन कर पाँव में हैं पड़े,

और बन कर रुकावट विकास की,

रास्ते में हैं खड़े, जो झांकने नही देते तुम्हें अपने अंदर,

जो देख नही सकते दूसरों के दर्दों और तकलीफ़ों को,

जो समझ नही सकते जूझने के अन्तर्द्वन्द्वों को,

तो त्यागना पड़े तो उन तमाम सुखों को तुम दो त्याग,

जो सुख के नाम पर बना रहे तुम्हें पंगु,

आगे सोचने के तुम्हारे तमाम रास्तों के हैं अवरोध,

जो सिखा रहे तुम्हें केवल स्वार्थहित जीना,

जो चख़ने नही दे रहे तुम्हें मेहनत का पसीना,

तो त्यागना पड़े तो उन तमाम सुखों को तुम दो त्याग,

यह सुख जो क्षणिक है, देंगे नही तुम्हें कभी भी शांति,

यह कल्पित सुख बढ़ा रहे केवल भौतिक भ्रांति,

सुख की परिभाषा है एक शून्यता,

विरक्ति और पूर्णविराम,

यह सुख दे रहा महज़ अल्प विश्राम,

तो त्यागना पड़े तो उन तमाम सुखों को तुम दो त्याग,

जहाँ परहित आए और परजन की पीड़ा मन को व्यथित कर जाए,

मानव जीवन उदेश्य समझ आ जाए,

जहाँ परमार्थ की हो प्राप्ति,

बस वही सुखों और मुक्ति का द्वार तुम मान लो,

हो सके तो वहाँ इन तमाम सुखों को तुम त्याग दो,

त्याग दो......

वो एहसास

वो एहसास कि ख़ास हो तुम,

वो एहसास कि मेरे आसपास हो तुम,

ज़िंदगी की भागदौड़ में,

एक सकूँ भरा विश्राम हो तुम,

थक कर हो जाऊँ चूर तपती दोपहरी में
तब ठंडक भरा आराम हो तुम
बड़ा प्यारा वो एहसास कि आसपास हो तुम,

वो एहसास कि ख़ास हो तुम,

यक़ीं सा है कि मेरी चाहत हो तुम,

भरोसा है कि मेरी राहत हो तुम,

परेशानियों की दस्तक में,

ख़ुशियों भरी आहट हो तुम,

ज़िंदगी की बेबस बंदिशों को,

अनायास ही मिल जाए वो इजाज़त हो तुम,

बड़ा प्यारा वो एहसास कि आसपास हो तुम,

वो एहसास कि ख़ास हो तुम,

मेरे ख़्वाबों के ज़हाँ का एक अक्स हो तुम,

हाँ, प्यार है जिससे मुझे, अनदेखे,

अनजाने से वो शख़्स हो तुम,

सुबह की पहली दुआ और शाम की आज़ान हो तुम,

जो है अधूरा और शायद रहेगा भी अधूरा,

मेरे हृदय में छुपा वो अरमान हो तुम,

बड़ा प्यारा है वो एहसास कि आसपास हो तुम,

वो एहसास कि ख़ास हो तुम....

ज़माने की नज़र में

ज़माने की नज़र में,

एक गुज़रा हुआ कल हूँ मैं,

अक्सर खोजती हूँ अपनी अहमियत मैं,

ज़माने की नज़र में, अब थोड़ी बेपरवाह,

बेफ़िक्री हो गई हूँ मैं,

अब डूब जाती हूँ चाय की प्याली
और कैफ की ग़ज़लों में
और अक्सर गुनगुनातीं हूँ मैं,

देखती हूँ रोज़ सुबह उठ कर सूरज की लाली मैं,

गमले में उगे नए पत्तों का चटकीला रंग,

तितली को उड़ते देख कर,

बच्चों की तरह ख़ुश हो जाती हूँ मैं,

ज़माने की नज़र में प्रौढ़ा नज़र आती हूँ मैं,

अपनी मनपसंद साड़ी पहन कर आईना निहारती हूँ मैं,

कभी लगाती बिंदिया तो कभी हटाती हूँ मैं,

अब तो मनपसंद धुनों पर थिरकती जाती हूँ मैं
ज़माने की नज़र में परिपक्व नज़र आती हूँ मैं
आजकल देखती हूँ मनपसंद फ़िल्में,

कभी रोमांटिक नॉवल उठाती हूँ मैं,

कभी होती हूँ गंभीर तो कभी बच्चों की तरह,

खुल कर खिलखिलाती हूँ मैं,

चालीस बसंत देख कर अब फागुन ऋत में आती हूँ मैं,

ज़माने की नज़र में कुछ भी हूँ मैं,

पर अब ज़िंदगी से भरपूर नज़र आती हूँ मैं...

तुम्हारी ज़रूरत

मुझे ज़रूरत नही,

यक़ीन मानों,

तुम्हें चाहने के लिए अब तुम्हारी ज़रूरत नही,

कभी था वो वक़्त, जब इंतज़ार रहता था,

तेरा इन नज़रों को,

अब नज़रें बन्द करके भी हो जाता है दीदार तेरा अंदर कहीं,

हाँ, तुम्हें चाहने के लिए अब तुम्हारी ज़रूरत नही,

कभी दिन न कटते थे तुमसे मिले बिना,

रहता था दिल बेचैन दिन रात,

अब मिल जाते हो रोज़ ख़्वाबों में कहीं,

हाँ, तुम्हें चाहने के लिए अब तुम्हारी ज़रूरत नही,

कभी था डर की खो न दूँ तुम्हें,

कोई चुरा न ले तुम्हें मुझसे,

अब ज़हन में इस तरह बसे हो कि मैं मैं हूँ ही नही,

हाँ, तुम्हें चाहने के लिए अब तुम्हारी ज़रूरत नही,

यह मिलना, पाना, खोना
महज़ रिवायतें हैं ज़माने की,

जो रूह में बस गया हो,

उसे क्या ज़रूरत ढूँढने की और कहीं
हाँ, तुम्हें चाहने के लिए अब तुम्हारी ज़रूरत नही.....

रिश्ते

कुछ रिश्ते ज़िंदगी होते हैं
दौड़ते भागते हैं ज़िंदगी बन कर
साँस बनकर बदन में कभी
तो कभी दौड़ते हैं रगों में लहू बनकर
जी चाहता है
इन्हें चुरा लूँ, और ज़िंदगी चलती रहे यूँ ही...
कुछ रिश्ते चाँद होते हैं, कभी अमावस तो कभी पूर्णिमा के जैसे
कभी अँधेरे तो कभी उजाले
जी चाहता है
बाँध लूँ इनकी रोशनी को अपने पल्लू से, और चाँद को दीवार पर टाँग दूँ
कभी अमावस नहीं...
कुछ रिश्ते बेशकिमती होते हैं
जौहरी बाज़ार के शो केसों में सजे हुए
कुछ अनमोल, कुछ बेशक़ीमती, जिन्हें खरीदा नहीं जा सकता
जी चाहता है
इन पर इनका मोल चिपका दूँ
ताकि देखने वाले रशक कर उठें
कुछ रिश्ते खूबसूरत होते हैं
इतने कि खुद की भी नज़र लग जाती है
जी चाहता है
इनको काला टीका लगा दूँ
लाल मिर्च से नज़र उतार दूँ
बुरी नज़र... जाने कब... किसकी..

आप

अपने अहसास की ख़ुश्बू से सरोबर कर जाते हैं आप,

जब कभी मेरे ख़्यालों की गली से गुजर जाते हैं आप,

मैं खुली आँखों से देखती हूँ बस आप ही के सपने,

जब भी कभी मेरे तस्व्वुर से गुज़र जाते हो आप,

हवा में महसूस होती है अजीब सी सरसराहट,

जब भी कभी मुस्कुराते हुए नज़र आ जाते हो आप,

सागर की लहरें भी ख़ूब उछाल भरती हैं,

जब भी कभी मेरी ही तरह उन्हें भा जाते हो आप,

दिल की लगी में मरने जब लग जाते हैं हम,

तो बन कर दवा हर मर्ज़ की हमारे जहन में आ जाते हो आप, महकते रहते हैं गुल मेरे इश्क़ के दामन के,

जब कभी मेरी यादों की गली से गुजर जाते हैं आप,

हम दिल लिए हाथों में खड़े रह जाते हैं,

सब जानते हुए भी, बन कर अनजान गुजर जाते हैं आप....

माँझी

माँझी की धूल झाड़ दे,

जो बीत गया उसे बिसार दे,

अपनी उम्मीदों को इक नया परवाज़ दे,

अतीत को कमज़ोरी न मान,

उसे नया ही इक आग़ाज़ दे,

जो बीत गया उसे बिसार दे,

अंधेरों से निकल, रोशनियों को तू आवाज़ दे,

ढंग अपने बदल, अपनी शैली को इक नया अन्दाज़ दे,

जो बीत गया उसे बिसार दे,

माना की सफ़र है दुशवारियों भरा,

न घबरा इन चुनौतियों से, तू ख़ुद इन्हें आवाज़ दे,

आगे बढ़, रख हौंसला, आशा का दामन थाम ले,

सबको नई मिसाल दे,

जो बीत गया उसे बिसार दे,

अपने पर आने वाले पत्थर से,

तू इमारत नयी उसार दे,

बोता चल उम्मीदों के बीज़, बंजर धरती को तू इक नयी बहार दे,

जो बीत गया उसे बिसार दे,

माँझी की धूल साफ़ कर,

नए सपनों को नए पर, नई उड़ान दे,

दुखों की बना इक पोटली,

सुखों के समंदर में उसे उतार दे,

जो बीत गया उसे बिसार दे....

याद

मेरे पास छोड़ जाओ,

अपनी यादों के मौसम से निकाल कर,

कुछ रुई के गोले से बादल,

जो बरस जाए जब भी मैं चाहूँ,

तेरी यादों में भीगना,

कोरी आँखों में क़तरे भरना,

और तेरे होने का अहसास जगाना,

मुझे ले आए जो सब भुला कर,

तेरे क़रीब, फिर से तेरे क़रीब

मन मेरा

जलती धरती मन मेरा,

हर पल अवसादों ने था घेरा,

तपन दुःख की बढ़ती थी जाती,

कोई ठौर न इसका
न कोई रैन बसेरा,

तलाश कर रहा था राहत डेरा,

अचानक चलने लगी मंद पवन,

आया कोई मस्ताना बादल,

तैयार था जो बरसने को,

आया बन कर शीतल फेरा,

इस प्यासी धरती को,

अपनी फुहारों से भिगोया और छेड़ा,

धरती हुई हरी सुख़याली,

उम्मीदों की नई कोपलें लगी फूटने
छमछम कर नाचने लगी,

तपती प्यासी धरती को था
ज़िंदगी ने घेरा,

जीवन था उस बादल का फेरा,

जीवन था उसका फेरा...

ग्रहण

ग्रहण लग जाता है
उन तमाम सपनों पर
उम्मीदों पर उमंगों पर
जो आती हैं
अँज़ुरी भर सिंदूर
और काले दानों के साथ
जब
हिस्से आती है, केवल अपेक्षाएँ, कभी न बुझने वाला चूल्हा, प्यार के नाम पर
महज़ थकावट भरी रात.....

इक कोना

इस पूरे कुल ज़हान में,

मेरे पास कहने को ख़ुद का इक अदद कोना भी नही है,

आख़िर कब तक इस ज़हान में भटकूँगी मैं

बिना किसी अपने कोने के,

अपने उलझे से कमरे का इक कोना,

मैं रख दूँगी तुम्हारे और अपने नाम,

कोना जो केवल हमारा हो,

गा सकूँ खुल कर जहाँ मैं,

जहाँ न हो डर किसी की घूरती आँखों का,

निर्दोष और उन्मुक्त हँसीं पर मेरी,

कोना, जहाँ जाना न पड़े चोरों की तरह,

न हो बोझ पायलों, बिछवों, लटकनों
नथ और शिंगार का, कोना जिसे क़बूल हो,

मैं हू ब हूँ, जितनी और जैसी हूँ,

जो न पूछे कोई सवाल और जवाब मुझे,

जहाँ सूरज की आशा क़िरणे,

खुल कर पड़ती हैं,

मन के अंधेरों और निराशाओं पर,

जाने कब होगा, मेरे कमरे का वो कोना,

जो होगा सिर्फ़ हमारा, मेरा-तुम्हारा
जिसे मैं तुम्हारे साथ बाँट सकूँ,

क्या तुम भी ऐसा ही कोई कोना,

बना रहे हो मेरे लिए,

जो होगा सिर्फ़ मेरे लिए?
चलो, दोनों मिल कर,

इक साँझा कमरा बनाए,

जिसका हर कोना हो,

तेरे लिए और मेरे लिए......

बंधन २

सही गलत की परिभाषा अपनी-अपनी सोच है।
नियम निर्धारण एवं प्रति पालन मानव की खोज है।
स्वच्छंदता पर लगाम के नाम पर ये परतंत्रता के बंधन हैं।
सभ्यता और संस्कृति के नाम पर ये व्यक्तिगत स्वतंत्रता पर युक्तिगत नियंत्रण हैं।
स्वच्छंद आचार विचार और व्यवहार लिए पवित्र आत्मा पर अंकुश हेतु शिष्टाचार जैसे सुंदर शब्द गढ़े।
उन्मुक्त मन के पंछी की उड़ान को रोक आजीवन बंदी करने संस्कारों के दिन प्रतिदिन नवीन कारागृह निर्मित किए।
आत्मा तड़पती रही आजीवन मुक्ति को इन अंकुशों और बंधनों से आशाविहीन।
तोड़ जिन्हें कर दुस्साहस परिभाषित होती रही निरंकुश, असामाजिक असंस्कारी, और चरित्रहीन।

बंधन

सही-ग़लत,

ग़लत सही की परिभाषा,

किसने बनाए नियम,

और इन नियमों की भाषा,

बंधन महज़ मानने भर से सिर चढ़े,

या ज़बरदस्ती थे सब पर मढ़ें,

अंकुश मन के नियंत्रण पर थे सब,

नाम सभ्यता और संस्कृति के गढ़ें,

बेड़ियाँ आत्मा की क़ैद के लिए,

शिष्टाचार जैसे सुंदर शब्दों में जड़े,

आत्मा-मन स्वच्छंद परिंदे से,

रहे क्यूँ आजीवन पिंजरे में पड़े,

संस्कारों के नाम पर,

नए नए कारावास बढ़े,

मुक्ति के लिए बढ़ती छटपटाहट,

पल पल हर पल नए क़यास खड़े
उन्मुक्त होने को हैं प्रयास कड़े,

उन्मुक्त होने को हैं प्रयास कड़े........

बेनिशाँ

बेनिशाँ है
तेरा अहसास,

मगर बहुत गहरा है,

कहीं दूर कहीं अंदर तक,

तू मुझ में ठहरा सा है,

अक्सर छिटक कर,

ज़हन से, दिमाग़ से,

कोशिश करती हूँ, दूर जाने की तुमसे,

पर काले बादल सी
तुम्हारी यादें, बरसती हैं

मुझ पर बेतहाशा,

और सरोबर कर देती हैं,

तेरे प्यार से, तेरे अनजाने अहसास से......

एक वही था

एक वही था,

जो मेरा हो कर भी मेरा नही था,

जो था जुगनू सा,

जिसके साथ होने से,

अँधेरा भी अँधेरा नही था,

जो था चाँद सा,

चमकता था मेरे आकाश में,

वो महज़ प्रकाश का घेरा नही था,

जो था ठंडी हवा के झोंकें सा,

भरता जो जान रूह में,

वो महज़ कोहरा नही था,

जो था शांत समंदर सा,

समेटता था मुझ नदी को ख़ुद में,

वो महज़ लहर कलेवा नही था
जो था सूरज सा,

देता ज़िंदगी रवानगी का अहसास,

वो महज़ गर्म सवेरा नही था,

एक वही था, जो सब कुछ था,

ज़िंदगी था, बस मेरा नही था.....

नया दिन

देखो दिन नया निकलता है,

वक़्त नए रंग में ढलता है,

देखो दिन नया निकलता है,

सुबह का सूरज आशा की किरण बन,

दिल में उतरता है,

देखो दिन नया निकलता है,

चहचहाता पंछी नई आस,

जीवन में भरता है,

देखो दिन नया निकलता है,

सुनहरा आकाश अँधेरा गया,

इस और इशारा करता है,

देखो दिन नया निकलता है,

मंद पवन का झोंका,

शिथिलता में जान भरता है,

देखो दिन नया निकलता है,

ठंडी पड़ी घास का अस्तित्व,

स्फूर्ति का आह्वान करता है,

देखो दिन नया निकलता है,

नए फूलों का खिलना,

तितली का उड़ना,

पतों का मुस्कुराना,

मंदिर की घंटियों का बज जाना,

उजला-उजला गर्म सवेरा,

ज़िंदगी की आज़ान भरता है,

देखो दिन नया निकलता है।

दो किनारे

एक इस छोर तो एक उस ओर,

नदी के दो किनारे,

चुपचाप निहारते,

दूर से इक दूजे को,

एकटक-एकठौर, दोनों चाहतें हों जैसे,

कि हो जाए वो किनारा,

भी इस ओर, पड़ती बीच में नदी, शांत सी बहती
देखती दोनों के हावभाव,

शायद सब थी समझती,

दोनों किनारों के मध्य,

कभी गूँज उठता,

शब्दों का शोर,

अंनत रूपों में बरसती,

प्रश्नों की बौछार,

उत्तर था ज्ञात दोनों को,

फिर भी अनगिनत प्रश्न, ले लेते थे आकार,

एक था कहता कि
स्पष्ट है, यही भाग्य हमारा,

दूसरा सुनना चाहता था, केवल वही,

जो उसे था सुनना-सुनाना,

अपना अधिकार जमाना,

नदी दोनों के समझौते पर आतुर,

रहती शांत हो दोनों को निहारे,

उसे दूर से दिखते,

मिल रहे वो किनारे,

अब यह मात्र भ्रम था,

या सच्चाई किनारों की,

कौन जाने, कौन जाने कब बहती धारा ने,

दोनों को ओर जुदा किया या मिलाया,

बीतता जा रहा समय,

पर नदी के दोनों तरफ़,

भावों-अहसासों के हीरे जड़े थे,

नदी के वो दो किनारे, अलग-अलग
हाँ, अलग-अलग खड़े थे.............

शक्ल दिखाने आए हो?

शक्ल दिखाने आए हो महज़
या हमें फुसलाने आए हो,

यह पहली बार तो नही,

जब बहलाने आए हो, आते हो,

हर पाँच साल में एक बार,

हर बार झूठे वादे,

और झूठे तुम्हारे इरादे,

बनाते हो मूर्ख, भोली-भाली जनता को,

महज़ चंद सिक्कों
और मय से ख़रीदते हो तुम,

इन भूखे-नंगों के हालात,

जो सिर्फ़ उस वक़्त, वोट होते हैं तुम्हारे लिए,

वो इंसान ही तभी नज़र आते हैं तुम्हें,

वरना महज़ मोहरें हैं, यह तुम्हारे लिए,

सड़कों पर जिए या मरें यह,

क्या किया इनके लिए कुछ तुमने कभी?
तुम्हारी सफलता की नींव यह लोग,

जिन्हें तुमने नींव की तरह ही दबा दिया,

कुचला मसला और मिटा दिया,

फिर आया चुनाव तो,

तुम्हें फिर याद आयी इनकी,

अब क्या नए नए प्रलोभन लाए हो,

कुछ नए तरीक़े से फुसलाने आए हो,

कौन सा मुँह लेकर फिर, शक्ल दिखाने आए हो???

नदी

दूर कहीं दूर,

जा सोचा मैंने,

शांति चाहिए, खोजूँ उसे,

कुछ दूर इस शहर से चलूँ,

शहर के पार,

था एक सुनसान जंगल,

बहती थी इक शांत नदी,

नदी किनारे बैठ,

पाँव डाल नदी में,

नदी को देखा,

नदी में खेला,

नदी में नहाया, की अठखेलियाँ,

शीतलता का अनुभव पाया,

सारा दिन नदी के क़रीब,

रह कर भी,

दिमाग़ में शहर रहा समाया,

नदी के साथ रह कर भी,

सब याद रहा,

बस नदी को छोड़ कर,

सब याद रहा..........

माँ की याद

तब तुम बहुत याद आती हो माँ,

जब सुबह से शाम तक काम करती हूँ मैं,

काम कर कर के थोड़ा थक जाती हूँ मैं
कब सुबह से रात होती है, जान न पाती हूँ मैं
तब तुम बहुत याद आती हो माँ,

जब सबको गर्म गर्म रोटी खिलाती हूँ मैं,

अपने बाज़ू तो कभी हाथ जलाती हूँ मैं,

जब ख़ुद हमेशा ठंडा खाना खाती हूँ मैं,

तब तुम बहुत याद आती हो माँ,

जब कभी कोई बीमार पड़ जाए परिवार में,

एक पैर पर खड़ी हो जाती हूँ मैं,

पर मेरे बीमार पड़ने पर,

अकेली पड़ जाती हूँ मैं,

तब तुम बहुत याद आती हो माँ,

जब रात को सो जाते सब चादर तान के,

सब को उठ उठ कर कंबल ढंकाती हूँ मैं,

पर ख़ुद जब बिना चादर के ही सो जाती हूँ मैं,

तब तुम बहुत याद आती हो माँ,

जब ख़्याल रखते रखते सबका,

ख़ुद को भी भूल जाती हूँ मैं,

जब सबके होते हुए भी अकेली पड़ जाती हूँ मैं,

तब तुम बहुत याद आती हो माँ,

जब महसूस करती हूँ वो सारे दर्द,

जो तुमने भी कभी झेले होंगे,

जब तुम भी ससुराल आयीं होंगी माँ,

तब तुम बहुत याद आती हो माँ,

तब तुम बहुत याद आती हो माँ………..

हस्ताक्षर

औरत की बेफ़िक्री,

चुभती है अक्सर हर किसी को,

औरत की हँसी,

अक्सर बेपरवाह सी लगती है हर किसी को,

औरत का नाचना,

अक्सर बेशर्म होना सा लगता है हर किसी को,

औरत की बेबाक़ी, अक्सर स्वछन्द सी लगती है हर किसी को, औरत का प्रेम-प्रदर्शन, अक्सर निर्लज्ज होना सा लगता है हर किसी को,

औरत के सवाल, अक्सर बंधन के खिलाफ से लगते हैं हर किसी को, औरत तो है औरत
सब समझती है इस जाल को, इस जाल की तमाम रस्सियों को एक ही सूत से बांधा है इस समाज ने
जिसका रेशा-रेशा चरित्रहीन कहता है उसे
लेकिन
सुन ए औरत
तू चल अपनी चाल कि नदी भी बहने लगे तेरे साथ -साथ, तू खुल कर हँस कि बच्चे भी खिलखिलाने लगें तेरे साथ-साथ, तू नाच कि पेड़ भी झूमने लगें तेरे साथ-साथ, तू नाप धरती का कोना-कोना कि दुनिया
छोटी पड़ जाए तेरे क़दमों के लिए,

तू कर प्रेम कि अब लोग प्रेम करना भूलते जा रहे हैं,

तू कर हर वो सवाल, जो तेरी आत्मा से बाहर निकलने को धक्का मार रहा हो,

तू उठा कलम, और कर हस्ताक्षर,

अपने ख़ुद के चरित्र प्रमाण पत्र पर, कि तेरे चरित्र प्रमाण पत्र पर अब किसी
और के, इस समाज के, इसके ठेकेदारों
के हस्ताक्षर अच्छे नहीं लगते..

सुख

सुख तो बस इतना है,

जब पा लेने की चाहत ख़त्म हो जाए,

मन भर जाए अंदर की शांति से,

और मोह-माया से ऊपर उठ जाए,

जब टूट जाए यह बंधन मायावी,

दुःख घृणा का अस्तित्व मिट जाए,

सुख तो बस इतना सा है,

जब सब्र-शांति रूह तक समाए,

ज़रूरतें-चाहतें ख़त्म हो जाए,

मोह की दीवार भंग हो जाए,

जो है जैसा है, वैसा ही भाए,

जब मिट जाए प्यास सब पा लेने की,

और मन फ़क़ीरा हो जाए……

आस

गिरे गर टूटकर शाख से पत्ते,

तो मिट् टी में मिल ही जाते हैं,

गुजरे जो दिन वो लौटकर,

वापिस कभी नही आते हैं,

रिश्तों को दोनो हाथों से सम्भाले रखना,

आइना गर गिरा, तो, टुकड़े बिखर ही जाते हैं,

न कोई शहर अजनबी है न कोई शख्स,

प्यार से गले मिलें तो, दुश्मन भी दोस्त हो ही जाते हैं,

बुलबुले पानी के, खिलौने हो नही सकते,

हाथ से छूते ही ये तो टूट जाते हैं,

उम्मीदों के चिराग़ रौशन रहने दो सदा,

सुनहरे दिन के बाद, रात के अँधेरे तो आते ही हैं,

दुनिया बिल्कुल नही है छोटी,

फिर भी बिछुड़े हुए लोग, कहाँ मिल पाते हैं?
कुछ बाँटों, कुछ कह दो किसी से,

दुख इतने दिल में,

कहाँ समा पाते हैं, गर टिक न पाए रोशनी,

तो अँधेरे भी कहाँ रह पाते हैं।

क्या हुआ गर?

क्या हुआ गर?
जो साथ न तेरा कभी मिला
क्यूँ इतनी सी बात पर हो मुझे गिला
क्या हुआ गर?
जो साथ चल न पाए हम कभी, कहाँ साथ साथ चल पाते हैं यहाँ सभी, क्या
हुआ गर?
जो मैं बादलों को ढूँढता रह गया यहीं कहीं
और बादल बरस गया और कहीं
क्या हुआ गर?
जो तरसता रह गया कोई तेरे लिए, शायद तू बना ही नही था उसके लिए
क्या हुआ गर?
जो पा ना सके कभी तुझे, पर जानता हूँ भूल न पायी होगी तू भी मुझे, क्या
हुआ गर, जो चाहा वो कभी मिल न पाया, जो पाया वो ही है कुल सरमाया,
पाना-होना कुछ ख़ास फ़र्क़ नही
बस मन का भ्रम है कहीं
थोड़ा कम या ज़्यादा होगा, पर होना हमेशा पाने से कहीं बेहतर होगा
पाने से कहीं बेहतर होगा......

साथ

साथ वही है,

जो खड़ा तुम्हारे साथ नही,

बल्कि खड़ा तुम्हारे पीछे है,

जिसके हाथों में तुम्हारा हाथ नही,

बल्कि कंधा तुम्हारा,

उसके हाथ के नीचे है,

जिसे तुम्हारे तन की आस नही,

बल्कि आत्मा तुम्हारी खींचे है,

जिसे मतलब नही, स्वार्थ नही,

बल्कि प्रेम तुम्हारा सींचे है,

जो बेशक खड़ा तुम्हारे साथ नही,

बल्कि खड़ा तुम्हारे पीछे है।

शब्द

इतने शब्द कहाँ से लाते हो तुम?
कैसे बुनते हो ये ताना-बाना?
किस्सों की चादर कैसे बिछाते हो?
ये गीत-ग़ज़ल के तकियों पर
कैसे ख़्वाब बनाते हो?
कैसे गिरते हैं तुम्हारे अक्षर
उस चादर पर?
कैसे उसकी सिलवटों में
तुम उम्मीदें छिपाते हो?
इतने शब्द कहाँ से लाते हो तुम?

कैसे तुम्हारे पन्ने बन जाते हैं कम्बल?
घेर लेते हैं मुझे ऐसी दुनिया में
जहाँ मैं अदृश्य, और किरदार साकार होते हैं?
ऐसे टिमटिमाते भाव कहाँ से बनाते हो तुम?
इतने शब्द कहाँ से लाते हो तुम?

कैसे लेती हैं भावनाएँ अँगड़ाइयाँ?
कैसे अँधेरा भी रोशनी बन जाता है?
क्यों रात तुम्हारी कहानियों के बिना अधूरी है?
ऐसी क़लम कहाँ से लाते हो तुम?
इतने शब्द कहाँ से लाते हो तुम?

अभागे

पृथ्वी घर हम सबका, शायद, क्या सच में?
हम सबका घर, पर कुछ थे, जो थे आभगे, जो शायद हम
जैसे नही थे, मनुष्य नही थे, ढोर की तरह, विचरते यहाँ-वहाँ, मनुष्य होने के
अधिकारों
से वंचित, ढकेले गए, जहाँ-तहाँ
रहे कृपाहीन
यह कृपन, होना न होना
इनका, आया नही किसी
खाते में, पृथ्वी पर यह कहीं, भी रहे, कूड़ेदान ही, समझे गए, रहे घर में, पर
रहे, बाहर, अपनी जगह, को तरसते, यह लोग, यह अभागे लोग, सहेजे जाने
की, सभी योजनाओं
से दूर, यह मज़दूर, अभागे मज़दूर

विदा किया

विदा किया,

जा तुझे विदा किया,

जिस तरह पंछी दे देते हैं विदा,

नही रखते हैं कोई अपेक्षा
जिन्हें देते है जन्म,

बिना किसी स्वार्थ के,

छोटे से अपने हिस्से को,

खिलाते-पिलाते, संभालते-बताते, उन्हें उड़ना सिखाते,

लम्बी उड़ान के लिए करते तैयार,

बिना स्वार्थ के,

देते उन्हें आसमान,

जब सीख जाते वह उड़ना,

छोड़ फिर जाते उनका साथ, न मोह का बँधन
न स्वार्थ न कोई उम्मीद, न आस न प्रतिकार,

करती हूँ विदा तुम्हें,

उसी प्रकार,

तुम्हारे हिस्से का आसमान, तुम्हें है पुकारता,

भरो ऊँची उड़ान, और छू लो अपने सुनहरी सपनों को,

तुम्हारी उड़ान, देगी मुझे स्वार्थहीनता,

मोह का अंत, मेरे वजूद को अंनतता,

ख़त्म होंगे अध्याय,

अधिकार और एहसान के,

तुम्हारी उड़ान होगी मेरा मुक्तिबोध....

सपना

जानती हूँ मैं,

बहुत कुछ है खोया,

फिर भी हार कहाँ मानी मैंने,

हर रोज़ एक
नया ही सपना है बोया,

रोज़ एक एक सपने का क़द बड़ेगा,

कुछ होंगे मेरे साथ, कुछ होंगे पूरे,

कुछ रहेंगे आधे-अधूरे,

फिर भी टूटेगी नही आस,

और हर रोज़ इक नया सपना,

मैं सँजोती रहूँगी, मैं बोती रहूँगी.........

पिशाचनी

सुबह सुबह मँजुला अपनी बेटी को लेकर काम पर आई,
इतनी सुबह उसे देख कर कोफ़्त तो हुई मुझे,
पर बच्ची को देख कर थोड़ी हिचकिचाई,
जल्दी जाना है वापिस दीदी इसलिए जल्दी हूँ आई,
इस पिशाचनी को छोड़ कर जो आना है गाँव,
पिशाचनी शब्द पिघले शीशे सा उतरता गया कान में,
मेरी तीखी नज़रें देख मँजुला घबराई,
मँजुला अक्सर उसे पिशाचनी बुलाती,
शायद सौतेली जो थी वो,
यह डायन माँ को खा गई,
इसे आते हैं अजीब से दौरे,
कोई डाकिन है इस पर छाई,
उसकी दलीलें और थी ग़ुस्सा दिलातीं,
पर पता था मुझे,
जब बच्ची ने होश संभाला होगा,
शराबी बाप को माँ को नोचता पाया होगा,
कोमल मन पर भारी बोझ,
फिर माँ का जाना मँजुला का आना,

अन्तरमन पर कई चोटें एक साथ,

छोटे से सीने पर कई आघात,

सह न सका मस्तिष्क इतना ताव,

बस शायद तभी से अचानक,

एक बार उसमें उभरी पिशाचनी,

फिर उभरने लगी बार बार,

लगी पिशाचनी हर बात मनाने,

उसे अपना ग़ुलाम बनाने,

अब जब भी मँजुला उस पर हाथ उठाती,

बाप करता पी कर हंगामा,

पिशाचनी दौड़ी चली आती,

पिशाचनी सीखा रही थी उसको लड़ना,

डराना, उसका पिशाचनी होना सबको डराता,

पर कहीं दूर बैठे मुझे महक महसूस होती उस डाकिन की,

जब आती मेरे घर, मुझसे नज़रे मिलाती,

एक अजीब सी चमक हम दोनों की
आँखों में है उभर आती,

शायद एक पिशाचनी दूसरी को है पहचानती,

लड़ने का ढंग प्रत्यक्ष या अप्रत्यक्ष हो सकता है,

पर हर औरत में है इक पिशाचनी,

जो केवल उभरती है उस वक़्त
जब वह चीख़ना-चिल्लाना है चाहती,

ज्वालामुखी की तरह फटना है चाहती......

मेरी क़ीमत

घर लौटते वक़्त,

चलता है दिमाग़ में,

चाबियों का गुच्छा,

बाहर बैठा मेरा कुत्ता,

बिजली का आन-ऑफ़ स्विच,

और पानी का आना न आना,

सब ख़ाली कर जो सुबह था भरा,

एक नया भर कर लौटती हूँ घर,

सोचती हूँ कभी,

काश हो जाऊँ ख़ाली,

बिल्कुल ख़ाली बोतल की तरह,

जिसकी क़ीमत है,

ख़ाली होने पर भी,

पर मेरे दिमाग़ के ख़ाली होने पर,

नही रह जाएगी कोई क़ीमत मेरी,

क्या ख़ाली बोतल से भी,

कम है क़ीमत मेरी?

जगाना

दिखा कसाईखाने के दबड़े में,

इक मुर्ग़ा, बेबस हालातों में,

लाचार मुर्ग़ा, पंजे मुड़े हुए,

पंख टूट कर बिखरे,

तो कुछ जुड़े हुए,

इस दुशवारी में भी पर,

गर्दन थी उसकी अकड़ी हुई,

पूछा मैंने, इस हालात में भी गरिया रहा है,

बेटा शाम को तू मुझे किसी प्लेट में,

नज़र आ रहा है, चल आज इक बात बता,

सुबह होने से पहले ही है तू उठ जाता,

बिना किसी आलस्य के अपना धर्म निभाता,

हर रोज़ बाँग देकर मनुष्य को है जगाता,

फिर भी तू है परोसा जाता,

तू ही काटा जाता, मेरी सारी बकवास सुनने के बाद,

मुर्ग़े ने मुँह खोला और बोला,

सुन लड़की इतिहास गवाह है,

जो समाज को है जगाता,

वो सबसे पहले है काटा जाता,

जगाना अपराध की श्रेणी में है आता,

बस इस अपराध की सज़ा हूँ मैं पाता,

इसलिए काट के हूँ परोसा जाता,

सुन कर मुर्ग़े की बात,

निशब्द थी मैं, मौन रहा फिर कई घण्टे मेरे साथ,

मौन, केवल मौन.....

www.ingramcontent.com/pod-product-compliance
Lightning Source LLC
LaVergne TN
LVHW010052061026
849532LV00004BC/1248